Début d'une série de documents
en couleur

LES ÉLECTIONS FRANÇAISES

ET

LES ÉLECTIONS ANGLAISES

PAR

M. LEFÈVRE-PONTALIS

MEMBRE DE L'INSTITUT

Extraits du FIGARO
du 6 septembre 1893 et du 13 juillet 1892

PARIS

E. DENTU, ÉDITEUR

3, PLACE DE VALOIS, PALAIS-ROYAL

1893

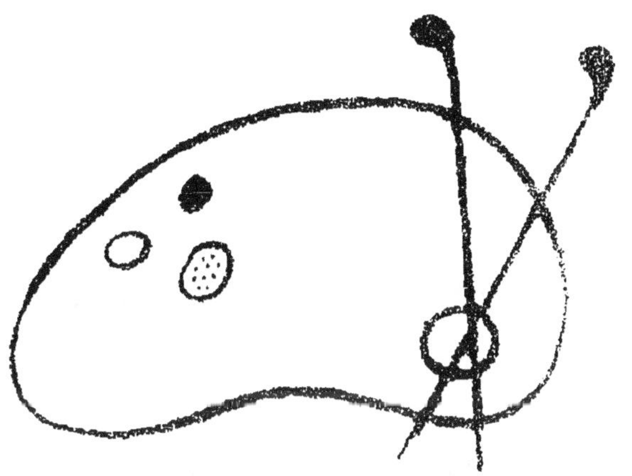

l'un d'une série de documents
en couleur

LES
ÉLECTIONS FRANÇAISES

ET

LES ÉLECTIONS ANGLAISES

LES
ÉLECTIONS FRANÇAISES

ET

LES ÉLECTIONS ANGLAISES

PAR

M. LEFÈVRE-PONTALIS

MEMBRE DE L'INSTITUT

Extraits du FIGARO
du 6 septembre 1893 et du 13 juillet 1892

PARIS

E. DENTU, ÉDITEUR

3, PLACE DE VALOIS, PALAIS-ROYAL

1893

LES
ÉLECTIONS FRANÇAISES
de 1893

Comment se sont faites les élections françaises de 1893, c'est un témoignage et comme une déposition à recueillir, peut-être déjà une page d'histoire à écrire.

S'il y a un fait qui s'en dégage, il serait puéril de le méconnaître, c'est que la République est hors de cause. De ses adversaires d'autrefois, les uns, ceux qu'on appelle les ralliés, dont on peut compter dans la nouvelle Chambre un peu plus d'une trentaine veulent la conserver, en la considérant comme le gouvernement nécessaire de la démocratie française. Les autres déclarent qu'ils ne veulent pas la détruire, et la considèrent comme le gouvernement légal du pays ; ce sont ceux qu'on appelle encore les membres de la droite, ou, dans le style officiel, les réactionnaires, réduits environ à soixante membres. Mais à part de bien rares députés de l'Ouest ou du Midi, il n'y a qu'un candidat, M. Caïla, qui, avec une courageuse fidélité, se soit déclaré monarchiste, et, dans sa circonscription, au premier tour de scrutin, sur dix mille suffrages exprimés, il en a recueilli deux mille.

Si la République sort incontestée et incontestable d'un nouvel appel fait aux électeurs, que manque-t-il néanmoins aux élections de 1893 pour qu'elles aient la valeur et l'autorité d'une consultation nationale? C'est qu'en dehors du parti socialiste qui a fait élire au moins cinquante à soixante députés et qui a réuni 683.000 suffrages, au lieu de 90.000 obtenus aux élections de 1889, en demandant ce qu'il appelle les destructions nécessaires, aucun programme n'a servi de ralliement aux candidats. Qu'y a-t-il eu de commun entre les élections françaises de 1893, et les élections anglaises de 1892 dans lesquelles la question irlandaise était le tremplin de toutes les candidatures, ou bien les dernières élections de la Belgique faites sur la réforme électorale, ou bien les dernières élections d'Allemagne dont la loi militaire était l'enjeu ?

Dans un pays aussi mobile que le nôtre, est-il encore question, sauf bien isolément, de la revision de la Constitution, quand, il y a quatre ans il fallait une rare fidélité à ses opinions, pour ne pas se proclamer révisionniste? A défaut des questions politiques dont le pays est lassé et que l'opinion publique traiterait volontiers de vieilleries, sans prendre aucun intérêt à la participation plus directe du suffrage universel, soit pour l'élection du Président de la République, soit pour l'élection des sénateurs, quelle est au moins la grande amélioration, ou même la petite réforme sur laquelle les candidats aient pris position?

Quand la fortune de la France est écrasée par le poids d'une dette dont le capital atteint trente-et-un milliards six cent soixante millions, n'est-ce pas sur la nécessité de rétablir l'amortissement qu'on aurait dû se compter, lorsqu'en moins de quinze ans, après la guerre de Sécession, les États-Unis ont donné l'exemple d'un amortissement de leur dette pour quinze milliards? Quand les députés se jouent de leurs électeurs, en désertant la Chambre pour leurs affaires ou leurs plaisirs, et en votant les uns pour les autres par procuration, qui a demandé de mettre ordre à ce scandale, pour leur imposer, comme au Parlement d'Angleterre, la présence obligatoire, à moins d'un congé?

Il n'y avait qu'une question sur laquelle le suffrage universel semblait avoir à se prononcer, c'était la question de l'honnêteté publique à laquelle les promiscuités et les impunités de Panama portaient un insolent défi. Mais elle a été si ressassée et a fini par avoir une si maladroite issue, avec la fausseté avérée des dernières dénonciations, qu'on n'a pas su en faire le cri de l'indignation populaire, au risque de laisser en plein étalage le marché des consciences. Il n'y a qu'aux deux chefs du parti radical, MM. Clémenceau et Floquet, que le Panama ait porté malheur, et les chefs du parti opportuniste ont eu la chance inespérée de n'y pas trouver leur écueil.

Les élections de 1893 ont été ainsi réduites à des questions de personnes bien plus qu'à des questions de principes. C'est ce qui les a rapetissées et dénaturées, en leur donnant en même temps une âpreté qui en a fait souvent un pugilat. Assurément, les questions de personnes jouent dans les élections un grand rôle, quand c'est dans des personnes qu'elles s'incarnent et se font en quelque sorte vivantes. Prenons l'Angleterre ; quel rôle y joue la personne de M. Gladstone ? Prenons les élections françaises de 1877, de 1885, de 1889 ; quel rôle y ont joué, en 1877, l'entraînement pour Gambetta ; en 1885, l'antipathie contre Ferry ; en 1889, les passions contraires soulevées par le général Boulanger ? En 1893, quelle valeur peut-on donner à un chef de gouvernement, tel que M. Dupuy, dont le plus grand nombre des électeurs ignore même le nom ? Où trouver, d'autre part, parmi ceux qui pourraient le remplacer, pour inaugurer une autre politique, des députés qui aient acquis ou qui aient même cherché à acquérir mieux qu'une renommée parlementaire bien insuffisante pour donner au suffrage universel aucune impulsion ? La loi contre les candidatures multiples a voulu faire passer sur tous les candidats un même niveau, et elle n'y a que trop réussi, en ne laissant pas au pays la liberté de marquer d'un sceau de préférence et de prédilection tel ou tel de ses élus.

Faut-il s'étonner dès lors que le suffrage universel, n'ayant plus avec le scrutin de liste l'horizon élargi d'un département pour faire ses choix, cherche dans le député de circonscription son homme d'"affaires ou son commissionnaire, au lieu d'en faire le député de la France? Aussi à part quelques exceptions qui mettent en relief à peine quelques députés ayant dans un cercle restreint plus de notoriété que les autres, depuis MM. Casimir-Périer et Cavaignac jusqu'à M. de Vogüé et à M. Deschanel, sans vouloir oublier M. Pelletan et M. Millerand,

rari nantes in gurgite vasto,

sont-ce pour la plupart des figurants, pas même des choristes (ceux que Gambetta appelait moins poliment des sous-vétérinaires), qui, à chaque élection générale, recrutent d'une façon chaque fois plus élargie le personnel législatif. Dans tous les partis, ce sont toutes les têtes qui sont visées, atteintes et abattues, Au lieu d'être vouées, comme en 1793, à la guillotine, elles passent en 1893 sous le couperet du bulletin. Il en est ainsi de MM. de Mun, de Cassagnac et Piou, aussi bien que de M. Clémenceau et de M. Floquet.

Les griefs qu'on a contre tel ou tel candidat le rendent bien moins suspect que sa supériorité. Quelquefois celle de la naissance trouve grâce ; mais celle de l'éloquence et du talent est impitoyablement fauchée, et il n'y a pas jusqu'à la supériorité d'éducation qui offusque. L'obscur candidat qui a battu dans le Morbihan M. de Mun et qui portait le même prénom d'Albert ne trouvait-il pas habile de s'appeler *Albert le Petit concurrent d'Albert le Grand?* Aux avant-dernières élections, n'y en avait-il pas un autre, qui, dans l'arrondissement d'Avesnes, avait fini par se rendre célèbre, en opposant aux serrements de main qu'on se contentait de donner à son compétiteur, membre de l'Institut, la tape sur le ventre qu'il était familièrement accoutumé à recevoir et dont il se glorifiait?

Une seule supériorité trouve grâce, c'est celle de la fortune, quand avec cent mille francs on peut (pour se servir d'un euphémisme), s'assurer d'une circonscription, surtout si on les dépense, en ayant soin de dire du mal de la richesse, au lieu de se contenter des vingt ou trente mille francs auxquels on évalue le prix ordinaire d'une élection.

A quoi servent dès lors les conférences et les réunions? Trop souvent, elles ne sont plus que des tabagies ou des arènes pour y débiter toutes les sornettes et faire enchère de basse popularité, ou bien des arènes dans lesquelles les bandes à gages de siffleurs, quand ce ne sont pas des bandes de sicaires et d'assommeurs, ont bien vite raison de ceux qui veulent se faire entendre, lorsqu'on a leur parole à craindre. A côté des conférences et des réunions qui viennent d'être souillées par tant de violences, quel est l'abaissement des visites à domicile auquel la plupart des candidats doivent se réduire, en allant s'offrir eux-mêmes au lieu de se laisser rechercher, et en faisant assaut de flagorneries et de promesses, quand ce n'est pas par des moyens plus pratiques qu'ils gagnent et achètent les suffrages.

C'est de cette façon que s'implante dans nos mœurs électorales ce qu'un ancien ministre, M. Spuller, appelait d'un mot peu français la médiocratie, et qu'on pourrait appeler avec beaucoup d'indulgence la médiocrité, dont la marée montante aura bientôt son mascaret. Ce n'est pas impunément qu'à côté de ceux qui devraient ne rentrer au parlement que la tête bien basse, le candidat qu'on appelle l'homme-canon des Folies-Bergère et le député-coiffeur de Saint-Denis vont porter la tête haute, en allant siéger, à côté d'autres si disqualifiés, parmi les législateurs de la France.

Pour achever d'avoir la physionomie de ce que sont les élections d'aujourd'hui, comment ne pas constater l'inégalité qui s'établit entre les candidats, suivant que les uns ont à leur service, avec toutes les faveurs du budget, l'irrésistible puissance de l'administration française dans toutes ses ramifications, tandis que les autres sont traités comme de véritables parias. On ne s'en aperçoit guère dans les grandes villes, telles que *Paris* ou *Lyon*, et c'est ce qui fait souvent illusion. Mais quand il s'agit des circonscriptions électorales d'arrondissement, c'est, comme au temps de l'Empire, la manne budgétaire que les candidats privilégiés reçoivent pour se faire un vaste clientèle par toutes les largesses administratives dont ils disposent; c'est d'eux qu'on doit tout espérer et tout craindre; ils accaparent le pouvoir à leur profit. Sans doute, l'étiquette de candidat officiel ne leur est plus donnée : mais tous les bénéfices de la candidature officielle ne leur en sont pas moins assurés. Il est vrai que plus d'une fois le gouvernement se désintéresserait peut-être dans ses préférences; mais c'est alors, à défaut du ministre, le préfet, à défaut du préfet, le sous-préfet ambitieux d'avancement, et à défaut du sous-préfet, le Comité ou la loge maçonnique qui gravite autour d'eux, dont la volonté toute-puissante s'impose aux petits fonctionnaires, les intimide, les enrégimente et en fait une véritable milice de janissaires.

Au profit de qui cette milice est-elle mobilisée et armée de toutes pièces? Au profit de ceux qui détiennent le pouvoir, en recueillent tous les bénéfices, n'en veulent abandonner aucune parcelle, s'y cantonnent comme dans un patrimoine à exploiter, usent de toutes les tracasseries et de toutes les persécutions pour quiconque encourt leur disgrâce, et ont rétabli à la fin du xix° siècle une féodalité d'un autre genre dont la France attend la délivrance.

Comme si ce n'était pas assez de ce qui manque ainsi aux élections pour en faire un jeu loyal — *the fair play* — tel qu'on l'appelle en Angleterre, se rend-on bien compte de toutes les garanties qui font tristement défaut dans notre législation électorale? Les bulletins blancs ont beau être de même couleur, n'ont-ils pas différents formats qui permettent de reconnaître aisément le vote des électeurs? Les commissions de recensement choisies par les préfets et dans lesquelles le candidat n'est pas représenté ne peuvent-elles pas se prêter à tous les tours de passe-passe? Le système d'invalidation, tel qu'il est pratiqué par la Chambre, ne met-il pas le député de la minorité à la merci de la majorité? Autour de nous et dans tous les pays libres dont nous gagnerions à suivre les exemples, des pratiques aussi vicieuses sont mises en interdit et seraient qualifiées de tricheries électorales.

Aussi qu'en résulte-t-il?

L'indifférence croissante des électeurs. C'est un chiffre d'abstentions de plus de trois millions, s'élevant, de 1889 à 1893, de 23 1/2 pour cent à

31 1/2 pour cent, qui est donné pour le premier tour de scrutin par la dernière statistique des élections, et il n'a fait qu'augmenter au second tour, en dépassant même le tiers. N'est-ce pas dès lors au vote obligatoire, tel qu'il vient d'être établi en Belgique, qu'il faudrait avoir recours pour empêcher les électeurs de se mettre en grève?

A cette indifférence n'y a-t-il pas lieu de craindre que ne s'ajoute l'éloignement de ceux que les anciens appelaient, à Athènes comme à Rome, les meilleurs, et qui peu à peu feraient place aux plus indignes, en laissant le monopole des candidatures à une nouvelle race, celle des politiciens, pour lesquels la politique n'est plus qu'un métier qu'il faut rendre à tout prix lucratif?

C'est ce courant de décadence qu'il importe de remonter, en sachant voir le mal pour y porter remède, et en organisant, pour les élections prochaines, la grande ligue qui aura pour mot d'ordre la liberté électorale à reconquérir.

LES
ÉLECTIONS ANGLAISES
de 1892

Toto divisos orbe Britannos, c'est-à-dire les Anglais sont une nation bien à part, telle est l'opinion qu'on rapporte, quand on a été se rendre compte des élections de la Grande-Bretagne dont on se fait une idée si confuse en France. Tout y diffère de nos élections françaises, les lois et surtout les mœurs : candidats et électeurs ont leur physionomie vraiment nationale. L'impression qu'ils donnent, c'est celle qui résulte du mot bien anglais, *the fair play*, le franc jeu.

Des partis fortement organisés défendant une cause bien plus encore que des personnes ; des candidats qui se combattent pied à pied et face à face, mais à découvert et à armes égales, supportant, recherchant et même aimant la contradiction, des électeurs affranchis de toute sujétion, qui votent avec une entière indépendance, ne sentent

nulle part la lourde main d'un maître, et n'ont
rien à craindre de ce qu'il y a d'effronté ou d'hy-
pocrite dans la pression des candidatures plus ou
moins officielles, tel est le spectacle aussi curieux
que réconfortant auquel on peut assister tout à
l'aise, en se donnant la peine de traverser la Man-
che.

Quoique la durée légale du Parlement soit de
sept ans, c'est tous les six ans que les électeurs
sont convoqués. Toutefois la convocation n'est pas
attendue pour commencer la campagne électorale,
qui d'ailleurs semble toujours ouverte, tant elle
est préparée à l'avance non seulement par les
réunions de tout genre dans lesquelles les députés
au Parlement viennent sans cesse s'expliquer avec
leurs électeurs, mais encore par la formation et la
revision annuelle des listes électorales, sur lesquelles s'exerce la plus active surveillance. Les
comités ne cessent de fonctionner, ils se relient
aux grandes associations, soit conservatrices, soit
libérales, qui mettent en mouvement les deux
armées en présence. Aussi, quand la dissolution
est prononcée, chacun est à sa place et à son rang.

*
* *

Les élections n'ont pas lieu simultanément :
elles peuvent se prolonger pendant un délai de
trente-cinq jours, suivant les dates de convocation

fixées par les sherifs dans les comtés, ou par les officiers municipaux qui les remplacent dans les bourgs, et qui s'appellent les uns et les autres *returning officers*. Cette latitude d'un mois environ est laissée non seulement pour leur donner la liberté de se transporter dans les différents collèges dont ils ont la présidence, mais surtout pour permettre aux candidats de se faire soutenir et appuyer par leurs amis qui ont été déjà élus. Il en résulte que chaque parti peut invoquer chaque jour ses victoires, ou bien supporter le poids de ses défaites, sans que l'entraînement des premiers succès ait nulle part pour conséquence aucun découragement ni aucune défaillance.

Chaque élection a deux actes très distincts : la nomination et le vote, qui ont lieu à quelques jours d'intervalle publiquement annoncés à l'avance. La nomination est la présentation du candidat; elle résulte d'une déclaration signée par dix électeurs de la circonscription, et est remise le jour de la nomination au président du collège électoral. S'il n'y a qu'un seul candidat qui soit présenté, la nomination vaut élection; elle dispense du vote qui est, avec raison, considéré comme superflu. Il y a en effet des candidats qui sont inattaquables, et dans les élections actuelles, si disputées qu'elles soient, sur 670 membres de la Chambre des communes, on en comptera environ 70 pour lesquels la nomination aura suffi, en leur

valant ce qui est appelé *inopposed returns*. C'est
cette formalité qui a remplacé les nominations
traditionnelles d'il y a quelques années, qui avant
la réforme de 1872 avaient lieu devant les plates-
formes, les *hustings*, où se présentaient les candidats devant la foule assemblée, comme dans un
champ de course, au milieu des scènes populaires
qui étaient l'un des traits de mœurs les plus carac-
téristiques de la vieille Angleterre.

Quand plusieurs candidats sont présentés, ce
qui est la règle ordinaire, le vote — *the polling* —
succède à la nomination. Il a été précédé des visites à domicile, le *canvass*, et des réunions électorales, les *meetings*. Les unes et les autres sont
multipliées au delà des forces humaines, mais
avec une bonne humeur qui est bien rarement
en défaut, et une avalanche de paroles qui recom-
mence chaque jour. Dans les visites à domicile,
quelle qu'en soit la corvée, les candidats se font
quelquefois remplacer, mais paient le plus souvent
de leurs personnes, laissant leur carte si l'électeur
est absent, entrant et s'entretenant un instant avec
lui s'ils le trouvent, ou se contentant d'échanger
une poignée de main, mais sans être jamais
obligés de s'asseoir. Au besoin, leurs amis leur
viennent en aide, et c'est dans les femmes, surtout dans celles de la plus haute société, qu'ils
trouvent les meilleurs auxiliaires. Elles se présen-
tent partout et surtout chez les adversaires : leur

intervention est si redoutée, que certains candidats s'en effraient et la dénoncent comme le plus dangereux moyen de séduction.

****

Les réunions électorales complètent l'œuvre des visites; elles peuvent être quelquefois tumultueuses et donner lieu, dans certaines circonscriptions électorales, à quelques violences; mais elles font presque toujours honneur aux mœurs politiques du pays. Elles ont beau être bruyantes; les questions ont beau y être posées par le premier venu à tout candidat, fût-il M. Gladstone, qui, dans son infatigable tournée, a eu à les subir comme tout autre, sans pouvoir y échapper; les grognements ont beau répondre aux applaudissements; sauf dans de bien rares circonstances, on ne s'en fait pas moins écouter, et la présence des femmes qui accompagnent celles des candidats, impose des habitudes de courtoisie auxquelles il convient de rendre justice. A un étranger qui complimentait l'un des députés du parti ouvrier sur l'hommage que celui-ci avait rendu à la femme de son compétiteur qui appartenait à l'aristocratie britannique, le nouveau député élu fit cette réponse qui a bien son cachet anglais : « Monsieur, est-ce que vous croyez qu'en Angleterre nous ne sommes pas tous des gentlemen ? »

En même temps, les murs se couvrent d'affiches et de réclames; il n'y a guère que les plus riches quartiers de Londres et la Cité où l'on s'en passe. Ce sont surtout les affiches coloriées et souvent d'énorme dimension, qui sont destinées à fixer les regards. Dans les élections actuelles dont le *home rule*, c'est-à-dire un Parlement pour l'Irlande, fa it le principal enjeu et a substitué à l'ancienne dénomination de conservateurs et de libéraux le nouveau classement d'unionistes et de nationalistes, d'une part les souffrances de l'Irlande persécutée, d'autre part le groupe des trois royaumes, l'Angleterre, l'Ecosse et l'Irlande se défendant contre ceux qui veulent les diviser, et surmonté de la devise : *un seul Parlement*, passent et repassent, sans cesse sous les yeux.

Le portrait du premier ministre, lord Salisbury ou celui de Gladstone, avec sa qualification de *great old man*, le grand vieillard, s'étale au-dessus de celui du candidat de tel ou tel parti, pour le patronner. C'est contre les chefs des deux partis que l'imagerie et même la caricature se donnent libre carrière, surtout pour déprécier ou pour exalter la figure si populaire de Gladstone avec la véritable légende qui s'attache à son nom. Quant aux affiches des candidats contre leurs concurrents elles ne s'en prennent jamais qu'à leur vie publique; mais celles-là même ne sont guère de mise et tournent le plus souvent au détriment de ceux qui se les permettent.

****

Telle est la mêlée qui prépare la grande bataille du jour du vote. Elle est d'autant plus décisive que la majorité relative suffit à l'élection sans qu'il y ait lieu dès lors à un second tour de scrutin, ce qui exige la rigoureuse discipline des partis et a coûté plus d'un siège au parti de l'opposition, quand il y a eu rivalité de certains candidats ouvriers avec certains candidats libéraux. Sauf pour les universités, qui ont une représentation spéciale, et pour un très petit nombre de bourgs (dont la Cité de Londres), l'électeur n'a qu'à voter pour un seul candidat, dans chaque circonscription, dont la plupart comprennent environ 10.000 électeurs. Cinq millions sept cent mille électeurs y prennent part. Indépendamment de certaines franchises spéciales données aux membres des corporations et aux propriétaires de terres, le droit de vote appartient à quiconque occupe, fût-ce sans l'habiter, une propriété bâtie ou non bâtie d'un revenu annuel de deux cent cinquante francs, et à quiconque habite au moins depuis un an, sans aucune condition de cens, une maison ou une partie séparée de maison soumise à la taxe des pauvres, ce qui n'exclut que les nomades et les locataires en garni, en laissant ainsi aux travailleurs un large accès au droit électoral.

Le vote a lieu de huit heures du matin à huit heures du soir, non pas par bulletins imprimés sur papier de format ou de caractères dissemblables, et dès lors faciles à reconnaître, ni par bulletins distribués au dehors et remis aux votants; mais chaque électeur reçoit du président du bureau électoral la liste régulièrement timbrée où sont portés les noms des candidats qui ont été présentés et il la dépose dans l'urne, après avoir été marquer au crayon celui qu'il choisit, dans l'un des compartiments dont chaque salle est munie, et où il ne peut être ni regardé, ni accompagné par personne. Telle est, depuis la réforme de 1872, qui a supplimé le vote par écrit, l'inappréciable garantie du vote secret, dont on n'a en France que les apparences. La scrupuleuse loyauté des opérations électorales est également assurée par la présence d'un représentant de chaque candidat au bureau où siègent le président du collège électoral et ses assesseurs, disposition tutélaire qu'on gagnerait à acclimater ailleurs qu'en Angleterre.

A côté de ce qui se passe de si instructif pour un étranger dans la salle du vote, il y a encore plus d'intérêt à prendre au spectacle de ce qui se passe au dehors. Non seulement les comités siègent en permanence, quelquefois porte à porte, avec les enseignes et banderoles des candidats largement déployées, mais encore les maisons d'un grand nombre d'habitants, jusqu'aux fenêtres les plus élevées, portent le nom de l'un ou de l'autre des concurrents; ces noms s'étalent sur des affiches ambulantes qui circulent dans les rues, portées à dos d'homme ou caparaçonnant quelquefois des animaux domestiques conduits à la main. En outre, les couleurs des candidats sont arborées à la boutonnière de ceux qui leur donnent publiquement leur appui. En même temps, tous les véhicules de leurs amis sont mis à réquisition, soit pour l'exhibition de leurs pancartes, soit pour le transport des électeurs retardataires.

Dans les circonscriptions ouvrières, des chariots promènent des escouades d'adhérents; ils sont souvent escortés par des bandes de musiciens appartenant à des associations. Les candidats eux-mêmes, accompagnés par leurs femmes et leurs enfants, se montrent de leur côté dans leurs voitures, pour aller encourager leurs partisans, soit dans les comités, soit à la porte des bureaux de vote, sans que la vaillance de leurs femmes soit jamais effrayée par aucune manifestation. Ils sont également présents à la proclamation, qui a lieu dans les bourgs à une heure très tardive de la soirée, et dans les comtés le lendemain du vote, à raison du grand nombre de sections électorales dont les urnes doivent être rapportées au bureau central. La cérémonie de la proclamation se termine par les remerciements des candidats à leurs électeurs, sans que d'habitude aucune récrimination y trouve place, et par leurs témoignages réciproques de satisfaction donnés au président du collège électoral.

Les dépenses sont assurément lourdes à supporter pour chacun d'eux, parce qu'elles comprennent non seulement leurs frais personnels, mais encore tous les frais officiels de l'élection. Toutefois elles sont rigoureusement fixées à l'avance, les candidats ayant droit pour un nombre de votants qui dépasse deux mille à une dépense personnelle de 380 liv. st. (9.500 francs) augmentée de 30 liv. (730 francs) pour chaque millier d'électeurs supplémentaires. Aussi ces dépenses sont-elles soigneusement contrôlées entre les mains de leur agent accrédité, qui en est responsable, et elles peuvent donner lieu à une protestation contre l'élection. Ces protestations ne sont plus portées devant la Chambre des communes, afin d'éviter toute crainte de partialité ; elles ne relèvent que des magistrats faisant partie des cours de justice avec l'autorité indéniable qui leur appartient et qui les met à l'abri de tout soupçon. On ne connaît pas en Angleterre les cartes biseautées de la politique.

Aussi, ce qui domine les élections, c'est l'intérêt passionné que chacun y prend. Loin de s'y montrer indifférentes, les classes qu'on appelle les classes dirigeantes mettent tout en œuvre pour en rester maîtresses, et quant aux ouvriers et travailleurs qui désormais entrent en scène, ils n'épargnent rien pour ouvrir aux défenseurs de leurs intérêts l'accès du Parlement. La presse est également à la hauteur de son rôle : elle reflète les mœurs du pays, non seulement en se montrant active et ardente dans la lutte, mais aussi en n'ayant aucun goût pour l'outrage et l'invective. Elle salue les vainqueurs, sans injurier les vaincus.

L'ancien président du conseil du comté dont Londres dépend, et qui équivaut à notre Conseil général de la Seine, M. Ritchie, qui faisait partie du ministère, a été battu dans l'un des collèges électoraux de la métropole; le journal de M. Gladstone, le *Daily News,* rend hommage à ses mérités et espère qu'il retrouvera un autre collège électoral. Le chef du parti ouvrier, M. Burns, a été vainqueur dans le bourg de Battersea; le journal ministériel qui l'a le plus combattu, le *Times,* se félicite qu'il reste le porte-voix des travailleurs.

Quoi qu'il advienne du résultat final, la victoire sera balancée, de part ou d'autre, par une majorité réduite à quelques voix, qui sera conquise par l'opposition au profit de M. Gladstone et du parti nationaliste. Il peut y avoir des crises parlementaires en perspective; mais ce qui restera inébranlable dans la Grande-Bretagne, c'est l'amour de la liberté et l'horreur de l'arbitraire. Les élections de 1892 en donnent encore une fois l'irrécusable témoignage. Ne fût-ce qu'à ce titre, ce sont les meilleurs exemples qu'on peut y chercher et y trouver.

IMP. NOIZETTE, 8, RUE CAMPAGNE-PREMIÈRE, PARIS

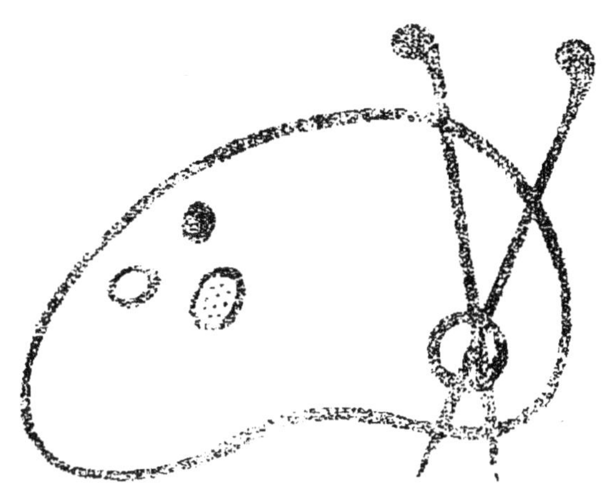